Hannah an der Krippe

Lasset uns nun gehen
nach Bethlehem,
und die Geschichte sehen,
die da geschehen ist,
die uns der Herr kundgetan hat.

(Lukas 2, 15)

Hannah an der Krippe

Eine Geschichte von Regine Schindler
Gemalt von Hilde Heyduck-Huth

Otto Maier Verlag Ravensburg

Hannah sitzt in Bethlehem am Straßenrand. Ihr kleiner Korb ist immer noch leer. „Hast du etwas bekommen?" fragt sie den Bettler Joachim. Joachim schüttelt den Kopf. Immer, wenn Kaufleute vorbeigehen, streckt er seine Hand mit dem Hut aus. „Gebt mit Geld! Ich bin gelähmt", ruft er. Er schreit nicht laut. Er schämt sich. Er sagt zu Hannah:
„Geh nach Hause! Betteln ist nichts für Kinder!"
„Ich muß hier sitzen – die Mutter hat mich geschickt. Wir brauchen Geld."

Joachim sagt nichts mehr. Er ist froh, daß er nicht alleine ist.
Hannah hat er gern. Er weiß, daß ihr Vater ein armer Hirte ist.
Der Gelähmte erzählt Hannah alte Geschichten. Er erzählt
manchmal auch von einem König und Retter, der kommen
wird. „Er wird uns frei und glücklich machen. Aus der Familie
Davids aus Bethlehem soll er stammen. Das steht in den
alten Schriften."
„Vielleicht kommt er bald", sagt Hannah.

Plötzlich hört man harte Schritte auf dem Straßenpflaster.
Die Soldaten! Hannah zuckt zusammen. Sie hat Angst.

Der Bettler schaut weg. Er mag diese Männer nicht. Das sieht man ihm an. Die Soldaten verschwinden im Rathaus von Bethlehem.

„Verstehst du ihre Sprache?" fragt Hannah den Gelähmten.
Joachim schüttelt den Kopf. „Das sind doch Römer!

Ich kann sie nicht verstehen. Ich will sie auch nicht verstehen.
Sie wollen nur Geld. Sie machen uns arm!"

Der Platz vor dem Rathaus ist voller Menschen. Händler rufen laut. Esel schreien. Hannah steht auf. Scheu streckt sie die Hand aus. „Für meine kleinen Brüder", sagt sie bettelnd.
„Wir sind weit gereist", „wir sind müde", „auch wir sind arm", bekommt Hannah immer wieder zur Antwort.

Wer sind sie wohl, diese Fremden? Joachim erklärt es ihr:
„Alle müssen an den Ort, wo ihre Familie herkommt.
Sie müssen ihre Namen in große Pergamentrollen einschreiben
lassen. Der Kaiser will unser Volk zählen. Der mächtige
Kaiser Augustus, dieser Römer!"

Hannah hat ihren Kopf auf die Knie gelegt und ist eingeschlafen.
Wie sie wieder aufwacht, hört sie Stimmen dicht neben sich.
„Vielleicht finden wir doch noch Platz in einer Herberge. Steh auf, Maria!" sagt der Mann, der nicht weit von Hannah auf der Straße steht. Er streckt seine Hand aus.

Er möchte die Frau, die neben Hannah sitzt, hochziehen.
Aber sie weint: „Ich kann nicht mehr, Josef! Alle Herbergen
sind voll. Niemand will uns."
Erschreckt schaut Hannah ins Gesicht der Frau mit dem blauen
Kleid. Die Frau ist sehr jung, eigentlich noch ein Mädchen.

„Geht zum Wirt beim unteren Tor – er hat mir auch schon geholfen", sagt Joachim freundlich.

Langsam steht Maria auf. Da sieht Hannah, daß Marias Bauch dick ist. Sie wird sicher bald ein Kind bekommen! Hannah springt auf. „Ich helfe dir. Gib mir dein Bündel."

Doch Josef wehrt ab: „Es ist nicht schwer. Und zuerst müssen wir ins Rathaus. Bleib du hier, Kind!"

Maria lächelt und sagt: „Ich würde gerne etwas in deinen Korb legen, aber wir sind selber arm."

Bald sind die beiden in der Menschenmenge verschwunden.

Hannah und Joachim warten weiter. Langsam wird es Abend. Der lahme Bettler wird von seinen Freunden nach Hause getragen. Er winkt und ruft Hannah zu:

„Schau in deinen Korb! Als du schliefst, hat dir ein Händler etwas hineingelegt."

Hannah tastet. „Ein Stück Stoff? Aber ich brauche Geld! Wir brauchen doch Brot für die Kleinen!" –

Hannah friert. Sie steht auf. „Ich muß nach Hause", sagt sie traurig zu sich selbst. Der Korb ist leicht.

Hannahs Heimweg über die Felder und Weiden ist unheimlich.
Es ist dunkel geworden. Aus den Büschen dringt ein Rascheln.
Ist das ein wildes Tier? Endlich sieht Hannah das Hirtenfeuer
und das spitze Dach des Zeltes. Der Hirtenhund bellt.
Bald aber erkennt er Hannah und wird wieder ruhig.

Die Schafe schlafen. Der Vater sitzt am Feuer. Er hält Wache und nickt dem Kind zu. Ganz schnell noch betrachtet Hannah im Licht des Feuers das Stoffstück aus ihrem Korb.
Dann legt sie sich leise ins Zelt. Die Mutter und die Brüder schlafen fest.

„Es ist ein kostbares Stück Stoff. Goldfäden und Perlen sind eingewebt“, denkt Hannah. Sie steckt den Stoff unter ihr Hemd. Hier ist er gut versteckt.

Durch die halboffene Zelttür sieht sie das Feuer; es ist klein geworden. Der Vater hüllt sich fester in seine Decke.

Hannah liegt wach, ganz hinten im Zelt.

Plötzlich sieht Hannah, wie der Vater aufspringt.

„Ich komme, ich komme!“ ruft er.

Wohin geht er wohl? Hannah kann nicht mehr liegenbleiben. Leise wie eine Katze kriecht sie über die Mutter und die kleinen Brüder aus dem Zelt. Leise läuft sie hinter dem Vater her.

Bald trifft der Vater andere Hirten. Sie zeigen auf einen kleinen
Hügel. Dort steht ein Mann. Er ruft alle zu sich, er winkt.
Es ist ein Mann, den Hannah noch nie gesehen hat.
Und um den Mann herum ist ein helles Licht. Das leuchtet weit
in der dunklen Nacht. Hannah hat Angst. Auch die Hirten
fürchten sich.
Da beginnt der Mann zu sprechen: „Habt keine Angst! Heute
ist euer Retter geboren worden.
Er kommt von Gott zu allen Menschen. Ganz nah von hier
könnt ihr ihn finden, in Bethlehem. In einer Krippe liegt er.
Jetzt ist er ein kleines Kind. Doch er wird mächtig werden. Er ist
euer Helfer und euer König."

Plötzlich sind um den Mann noch andere Gestalten.
Helles Licht ist um sie, und sie singen:
„Gott im Himmel, wir loben dich!
Du bringst den Frieden auf die Erde!

Du bringst den Menschen große Freude!"
Da sagt ein alter Hirte laut: „Freunde, das sind Engel!
Gott hat sie uns geschickt, damit wir unseren Retter finden.
Kommt, kommt! Wir wollen nach Bethlehem gehen!"

Es ist dunkel geworden. Jeder Hirte holt ein Geschenk von seinem Lagerplatz: ein Bündel Brennholz, einen Krug Schafsmilch, ein paar Eier, einen Laib Brot. Einer bringt ein junges Schäfchen:
„Für das Kind, das unser Helfer sein wird", sagen sie.
Hastig machen sie sich mit ihren Laternen auf den Weg.
Hannah läuft hinter ihnen her.

Im Schein des Mondes sehen die Hirten bald die Häuser von Bethlehem. Die Stadt ist dunkel.
„Dort ist noch ein Licht", ruft einer.
„Es ist die Höhle des Gastwirts vom unteren Tor. In der Höhle wohnen seine Tiere", fügt ein anderer hinzu.
Sie eilen weiter, auf das schwache Licht zu.

In der Höhle finden sie Schafe und Kühe. Sie sehen die Futterkrippe und dahinter einen Mann und eine sehr junge Frau. In der Krippe liegt ein neugeborenes Kind.
„Das ist unser Retter", sagen sie laut. „Gottes Engel haben uns von ihm erzählt!"
Über diese Worte staunt die Mutter des Kindes.

Die Hirten treten zur Krippe, einer nach dem anderen. Jeder legt sein Geschenk nieder, jeder schaut in die Krippe. Sie werden sehr froh und knien nieder.
Nur Hannah steht immer noch am Eingang. „Ihr seid ja Maria und Josef", sagt sie deutlich.
Da erst merken die Hirten, daß Hannah mitgekommen ist.

„Woher kennst du diese Leute?" fragt der Vater.
Hannah antwortet nicht. Sie geht ganz langsam zur Krippe.
Aus ihrem Hemd zieht sie das schöne Stück Stoff, den Stoff
mit den Goldfäden und Perlen.
„Eine Decke für den kleinen König – ich schenke sie dir!"
Maria lächelt. „Er heißt Jesus", sagt sie stolz.

Die Hirten machen sich bald auf den Heimweg. Sie reden
über den Retter, über diesen König.
„Er wird ein guter König sein. Er muß mächtiger sein als

Herodes, der böse König. Er wird stärker sein als die Römer.
Er wird uns helfen."
Hannah ist auf dem Rücken ihres Vaters eingeschlafen.

„Wir haben den Retter gesehen", sagt Hannah am nächsten
Morgen zu ihren Brüdern. Aufgeregt erzählt sie alles, was sie
in der Nacht erlebt hat.
Dann läuft sie in die Stadt, so schnell sie kann.
„Joachim", ruft sie dem lahmen Bettler von weitem zu,
„Joachim, der Retter, auf den du wartest, ist geboren. In einer
Höhle! Er liegt in einer Futterkrippe bei den Tieren. Ein kleines
Kind – es heißt Jesus!
Joachim, ich weiß: Er wird auch dir helfen, wenn er groß ist.
Sicher macht er, daß du wieder gehen kannst!"
Auch von den Engeln erzählt Hannah und von der schönen
Decke, die das Kind bekommen hat. Sie ist glücklich.
Joachim aber schaut Hannah voller Staunen an.

3 2 1   83 82 81
© 1981 by Otto Maier Verlag
Ravensburg
Printed in Germany
ISBN 3-473-33542-8